Aus dem Bauche lächeln

Übungen für das Erde-Element

von Sakina K. Sievers und Nirgun W. Loh

Illustrationen von Bernhard Oberdieck

ShenDo Verlag

Wichtiger Hinweis

Die in diesem Büchlein vorgestellten Übungen sollten nicht angewendet werden bei allen akuten, ungeklärten Beschwerden.

Bei schwerwiegenden Erkrankungen, Bandscheibenvorfällen und ungeklärten Schmerzzuständen sollte auf jeden Fall ein Arzt oder Heilpraktiker zu Rate gezogen werden.

1. Auflage 2018
© **ShenDo Verlag**
Wolfgang Loh
Dorfstraße 24 A
23948 Stellshagen

Internet: www.shendo-verlag.de

Illustrationen: Bernhard Oberdieck
Layout: Carola Klinke
Foto Innenseite: © bLitzzz – Fotolia.com
Lektorat: Michael Thomae
Printed in Germany
ISBN 978-3-943986-19-8

Aus dem Bauche lächeln

Um dich auf das Erde-Element einzustimmen, stelle dir einen Ort vor, wo du dich sicher, geborgen und zuhause fühlst. Von hier breitet sich das tiefe Gefühl in dir aus, dass alles gut ist, so ist wie es ist. Das schenkt dir wohlige Zufriedenheit und lässt dich aus dem Bauche lächeln.

Dem Erde-Element sind Magen und Milz zugeordnet (die Milz wird in der Chinesischen Medizin als Einheit mit der Bauchspeicheldrüse angesehen). Diese Organe sind von zentraler Bedeutung, insbesondere für den Verdauungsprozess. Ihre Aufgaben sind Aufnehmen, Verteilen und Nähren. Ein Ungleichgewicht dieser Funktionen beeinträchtigt unmittelbar alle anderen Organe.

Zu jedem Organ gehört eine Energiebahn – Meridian genannt –, die die Lebensenergie Qi transportiert. Die Meridiane von Milz und Magen verlaufen über die gesamte Körpervorderseite. Die Übungen beziehen daher Brust, Bauch, Becken und Beine mit ein.

Erde-Übungen regen sowohl die körperliche als auch die seelische Verdauung an. Sie wirken erdend und zentrierend und lassen uns den Boden unter unseren Füßen spüren. Durch das Sichzentrieren auf die Mitte senken sie den Körperschwerpunkt nach unten ab und geben uns dadurch Stabilität, Standfestigkeit und heitere Gelassenheit.

Für die Übungen im Stehen

Stelle dich aufrecht hin, die Füße parallel und etwa hüftweit auseinander, die Knie leicht gebeugt. So bist du gut geerdet. Stelle dir vor, dass du von einem »Himmelsfaden«, der am Scheitelpunkt deines Kopfes ansetzt, gehalten wirst. Lasse deine Schultern nach unten sinken und öffne leicht den Mund, so dass der Kiefer entspannen kann. Dein Blick ist weich nach vorne auf den Horizont gerichtet. Während der Dauer der Übung achte immer wieder auf deine entspannte Position.

Richte die Aufmerksamkeit auf deine Mitte und stelle dir eine Verbindung vor, die deinen Bauch mit der Erde verbindet. Lasse den Atem tief nach unten sinken und sich ein Gefühl der Fülle vom Bauch bis zu den Füßen ausbreiten. So kannst du sicher und aufrecht stehen.

Für die Dehnungen

Für die Übungen am Boden lege dich in bequemer Kleidung auf einen Futon oder eine Yogamatte. Gehe allmählich in die Dehnungen hinein und forciere nichts. Suche nicht die maximale Dehnung, sondern finde einen Punkt, wo du ein deutliches Ziehen spürst, das aber noch wohltuend ist. Wie weit du dabei kommst, ist unwichtig.

Verweile hier, wippe nicht nach, und lasse dich mehr und mehr in die Dehnung hinein »schmelzen«. Durch das Loslassen in die Position öffnest du dich für die Stille, in der du deine Körperempfindungen, Gedanken und Gefühle wahrnehmen kannst. So kommst du dir selbst näher.

Eine ruhige, tiefe Atmung in den Bauch unterstützt dich dabei, in der Dehnung entspannt zu bleiben, und regt gleichzeitig den Energiefluss an. Ruhe nach jeder Übung in entspannter Lage nach.

Sollte sich bei einer Dehnung ein scharfer Schmerz einstellen, löse dich sofort aus der Position.

Die vorgestellten Übungen sind für jeden geeignet, ob alt oder jung, fit oder untrainiert, und sehr wirksam bei regelmäßigem Praktizieren. Wenn du dir täglich 10 oder 20 Minuten oder auch länger dafür Zeit nimmst, wird sich deine Lebensqualität fühlbar verbessern. Beginne mit den Übungen, die dich am meisten ansprechen. Besonders gut ist es, sie immer zur gleichen Tageszeit zu praktizieren. Nach und nach wird dein Körper beweglicher werden.

Falls du aus gesundheitlichen Gründen Zweifel hast, ob eine Übung gut für dich ist, frage deinen Arzt um Rat.

Wir wünschen dir viel Freude beim Üben!

Sakina und Nirgun

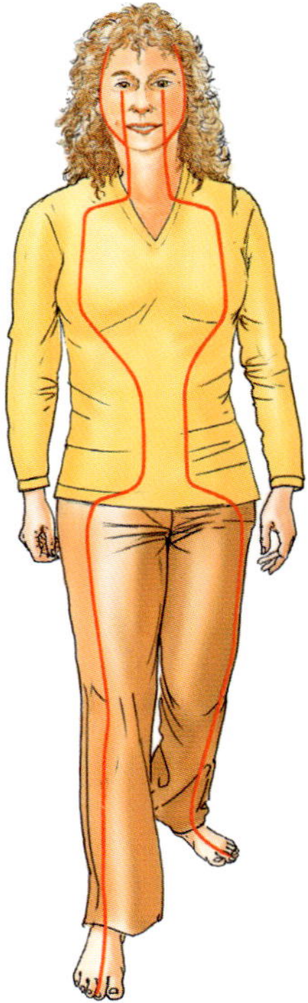

Der Magen und der Magenmeridian

Der Magen übernimmt die erste Phase im Verdauungsprozess: Das Vorverdauen beginnt schon durch das Kauen und Einspeicheln im Mund (der Magenmeridian verläuft über den Kaumuskel), das weitere Aufspalten findet im Magen und Zwölffingerdarm, der der Magenenergie zugeordnet wird, statt.

Im Verständnis der Chinesischen Medizin nimmt der Magen nicht nur die körperliche, sondern auch die geistig-emotionale Nahrung auf. Er reguliert unseren Hunger und Appetit – sowohl auf Essen als auch auf das Leben selbst – und ermöglicht uns, all das zu verarbeiten. Seine Fertigkeit aufzuschlüsseln, befähigt auch zu logischem und detailgenauem Denken. Das Vermögen, uns auf das zuzubewegen, was unseren Bedürfnissen entspricht, wird durch den Verlauf des Magenmeridians an der Körpervorderseite widergespiegelt.

Zur Visualisierung des Meridians mache einen Schritt nach vorne und stelle dir den Verlauf als ein goldgelbes Energieband vor: Der Meridian beginnt unter dem Auge und strömt zur Wange. Hier vereint er sich mit einem zweiten Ast, der von der Schläfe kommt. Er wandert abwärts über den Hals, die Brust und den Bauch, überkreuzt die Leiste und fließt über die vordere Außenseite des Ober- und Unterschenkels und über den Fußrücken zur zweiten Zehe.

Wiederhole diese Visualisierung auf der anderen Seite.

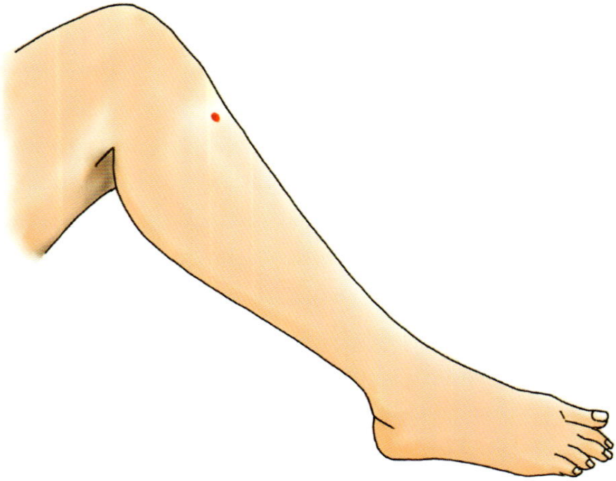

»Drei-Meilen-Bein«
Akupressurpunkt Magen 36

Magen 36 liegt auf der Außenseite des Unterschenkels, ein Daumenbreit neben dem Schienbein, kurz bevor es sich zum Ende hin verdickt. Halte den Punkt mit dem Daumen.

Du kannst auch ein Reiskorn mit einem Pflaster auf dem Punkt fixieren und immer wieder drücken. Entferne das Pflaster nach drei Tagen wieder. Wenn die Muskulatur um den Punkt herum sehr angespannt ist, kannst du zur Vorbereitung die ganze Zone mit dem Handballen oder Daumen massieren, bevor du den Punkt hältst.

- **Wirkung**

Meisterpunkt des Bauches: unterstützt die Verdauung; stärkt den Magen; kräftigt den ganzen Körper und gibt Energie; verbessert Ausdauer und Leistungsfähigkeit; wirkt belebend und gleichzeitig entspannend, erdend und zentrierend; stabilisiert das seelische Befinden; ist hilfreich bei Verdauungsschwäche, Übelkeit, Appetitmangel, Müdigkeit nach den Mahlzeiten, allgemeiner Schwäche und Krankheitsanfälligkeit

Eine Überlieferung sagt, dass die Stimulation von Magen 36 einem erschöpften Wanderer wieder neue Kraft gibt, so dass er weitere drei Meilen laufen kann.

Die Milz und der Milzmeridian

Die Milz bildet zusammen mit der Bauchspeicheldrüse eine energetische Einheit. Sie kontrolliert den Verdauungsprozess und nährt als die »Mutter der Organe« den ganzen Körper. Im Verständnis der Chinesischen Medizin empfängt sie die vom Magen aufgeschlüsselte Nahrung und wandelt sie in Nährenergie um, die die Grundlage für die Herstellung von Qi und Blut bildet. Sie ist neben der Lunge die zentrale Quelle für die Gewinnung der Energie, die den Körper vitalisiert. Außerdem hat die Milz eine besondere Beziehung zu den Fortpflanzungsorganen und dem Menstruationszyklus, spielt eine wichtige Rolle in der Immunabwehr und unterstützt unser praktisches Denken, durch das wir die Dinge des Lebens bewältigen.

Zur Öffnung des Milzmeridians stelle ein Bein auf ein Kissen und drehe den Fuß so nach außen, dass du eine leichte Dehnung an der Innenseite des Beins spürst. Visualisiere den Verlauf des Meridians als ein goldgelbes Energieband, das von der Innenseite der großen Zehe über die Fußinnenkante und die vordere Innenseite des Beins aufwärts fließt. Es überkreuzt die Leiste, strömt nach oben zum Rippenbogen und in einem sanften Bogen über die Brust empor bis fast unter das Schlüsselbein, dann fließt es abwärts in die Flanke und endet hier. Wiederhole die Visualisierung auf der anderen Seite.

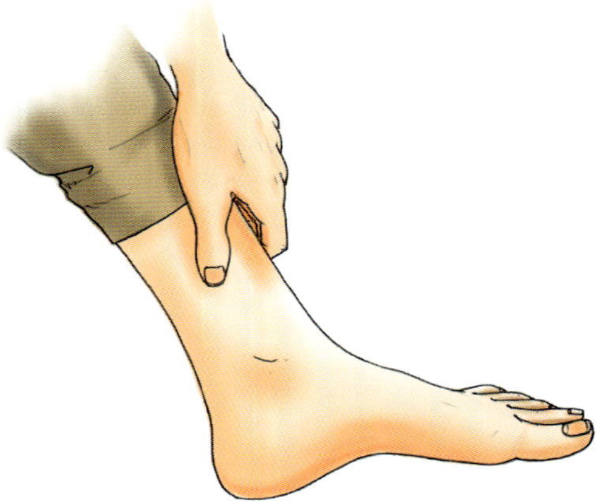

Eine gesunde Milzenergie zeigt sich in

der Fähigkeit, das Essen zu genießen und zu verdauen
einem guten Energieniveau
festem Bindegewebe
einer regelmäßigen, schmerzfreien Menstruation
praktischer Intelligenz und der Fähigkeit, sich zu konzentrieren

Körperliche Symptome bei Ungleichgewicht

Müdigkeit und Unwohlsein nach den Mahlzeiten
Blähungen, breiiger Stuhl
Trägheit, körperliches Schweregefühl, schwere Beine
Bindegewebsschwäche, Neigung zu blauen Flecken
Gewichtsprobleme, Wassereinlagerungen, Ödeme

Seelisch-geistige Symptome bei Ungleichgewicht

Unfähigkeit, für sich selbst und andere zu sorgen
kein Boden unter den Füßen, nicht zentriert
Vergesslichkeit, Zerstreutheit
Grübeln: Gedanken drehen sich im Kreis

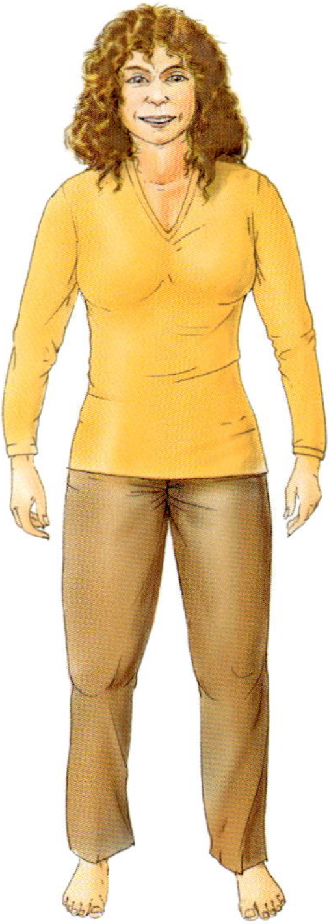

»Stehen wie ein Baum« – Zentrierung

Stehe aufrecht in hüftweitem Stand und richte deine Aufmerksamkeit auf die Füße. Wiege deinen Körper leicht von den Zehen zu den Fersen hin und her, so dass du langsam vor und zurück schwingst. Dein Körper bleibt dabei aufrecht. Nach einer Weile lasse die Bewegungen kleiner werden, bis du in der Mitte zwischen Zehen- und Fersenballen zur Ruhe kommst.

Dann pendele seitlich hin und her und bringe auch hier den Körper ins Lot, so dass dein Gewicht gleichmäßig zwischen Zehen und Fersen und zwischen der Großzeh- und der Kleinzehseite ruht.

In dieser zentrierten, aufgerichteten Haltung wirst du als Verbindungsglied zwischen Himmel und Erde durchlässig für das Fließen der Energie. Sie fließt von oben vom Himmel nach unten zur Erde (»Weg der Manifestation«) und von unten von der Erde nach oben zum Himmel (»Weg der Befreiung«). Diese Energiebewegung kannst du durch deine Atmung unterstützen: Atme nach oben in Richtung Himmel ein und nach unten in Richtung Erde aus.

Wiederhole dies für mindestens zehn Atemzüge.

- **Wirkung**

fördert die Stabilität des Körpers; gibt einen sicheren, natürlichen Stand; ermöglicht eine entspannte Haltung; vertieft das Körpergefühl

Beckenkreisen

Stehe aufrecht und richte deine Aufmerksamkeit auf deinen Bauch – von hier aus geschieht die Bewegung. Du kannst deine Hände beim Kreisen seitlich auf die Hüften legen. Kopf und Schultern bleiben dabei weitgehend still. Wenn Schmerzen im unteren Rücken auftauchen oder du dein Becken als sehr unflexibel empfindest, kreise besonders sanft.

Kreise das Becken möglichst fließend. Beginne mit kleinen Kreisen, dann lasse sie allmählich größer werden, so dass deine Hüften eine große runde Bewegung beschreiben, anschließend ändere die Richtung. Bleibe mit deiner Aufmerksamkeit in Unterbauch und Becken.

Nach einer Weile bewege die Hüfte in Form einer liegenden Acht, zunächst in eine, dann in die andere Richtung.

Lasse die Bewegungen kleiner werden und komme zurück in die Ausgangsposition.

- **Wirkung**

mobilisiert das Hüftgelenk; dehnt und lockert die Muskulatur und die Faszien im Becken sowie im unteren Rücken und löst hier Steifheit und Verspannung; fördert den Energiefluss durch die Leiste, wo die Meridiane von Magen und Milz verlaufen

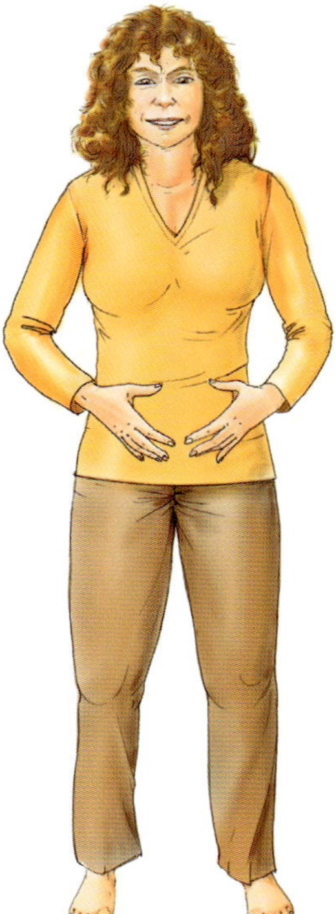

»Beckenschaukel« und »Orangener Ball«

Stehe aufrecht und lege deine Hände seitlich auf die Hüften. Mit dem Einatmen kippe dein Becken nach hinten und gehe so ins Hohlkreuz, mit dem Ausatmen bringe es nach vorne – immer im Wechsel in einem gleichmäßigen Rhythmus. Beginne ganz langsam. Nach einer Weile lasse die »Beckenschaukel« schneller und kraftvoller schwingen, bleibe aber entspannt dabei. Nach 1–2 Minuten lasse die Bewegungen wieder kleiner werden und komme zum Stillstand.

Lege nun deine Hände auf deinen Unterbauch und spüre hier die Bewegung des Atems. Lasse ihn tief und ruhig fließen. Stelle dir in deinem Hara einen leuchtend-goldenen Energieball in der Größe einer Orange vor, der dich von innen her wärmt und belebt. Vergegenwärtige dir mit dem Einatmen wie sich der Ball ausdehnt. Deine Arme öffnen sich dabei so weit, wie du den Energieball noch spüren kannst. Mit dem Ausatmen kommen deine Hände zurück auf deinen Unterbauch. Übe dies etwa eine Minute lang.

Zum Abschluss lasse die Hände auf deinem Bauch ruhen.

- **Wirkung**

mobilisiert das Hüftgelenk; bringt Kraft und Wärme in Bauch und Becken

Die Energie im Hara sammeln - Zentrierung

Stehe aufrecht in hüftbreitem Stand. Richte deine Aufmerksamkeit auf deinen Unterbauch. Stelle dir vor, dass von deinem Beckenboden aus kräftige Wurzeln in die Erde wachsen und du von einem Himmelsfaden gehalten wirst, der oben am Scheitel ansetzt.

Führe mit dem Einatmen die Arme mit nach oben geöffneten Händen vor dir hoch bis zu den Schultern. Hebe dabei die Fersen an.

Während du auf den Zehenspitzen stehst, bilde Fäuste, als wolltest du die Energie ergreifen, und ziehe die Hände zur Brust.

Nun öffne die Fäuste und drehe die Handflächen nach unten. Mit dem Ausatmen lasse die Hände vor Brust und Bauch langsam abwärts sinken, mit dem Gefühl, die Energie nach unten in deinen Bauch abzusenken und hier zu sammeln. Komme dabei mit den Fersen langsam auf den Boden zurück. Bleibe noch einen Moment ruhig stehen und spüre nach.

- **Wirkung**

wirkt erdend und zentrierend; senkt den Schwerpunkt vom Kopf in den Bauch und unterstützt dadurch Stabilität und Standfestigkeit; fördert das Gleichgewicht und ein entspanntes Stehen

Die Beine schwingen und »Der Storch«

Stehe aufrecht mit den Füßen fest auf dem Boden. Dein Blick ist etwa zwei Meter vor dich auf den Boden gerichtet. Verlagere nun dein Körpergewicht auf dein rechtes Bein. Das linke Bein hebe ein wenig an und schwinge es wie ein Pendel vor und zurück. Deine Arme schwingen locker in Gegenbewegung mit. Wenn du Schwierigkeiten hast, deine Balance zu finden, stelle dich neben einen Stuhl und stütze dich an seiner Lehne ab.

Nach etwa einer Minute komme zum Stillstand, finde dein Gleichgewicht und schwinge das andere Bein.

Für die folgende Sequenz brauchst du ein gutes Gleichgewicht: Winkle das linke Bein nach hinten an und umfasse den Fuß mit der gleichseitigen Hand. Ziehe das Bein nach oben, so dass es so weit wie möglich gedehnt wird. Den rechten Arm strecke diagonal nach oben. Halte die Position des Storchs für ein paar Atemzüge und stelle das Bein wieder ab. Wechsle zur anderen Seite.

- **Wirkung**

lockert die Beinmuskulatur; bringt Energie in Beine und Füße; verbessert die Durchblutung und den Energiefluss im Hüftgelenk; der Storch öffnet die Vorderseite und den Magenmeridian; beide Übungen schulen das Gleichgewicht und wirken dadurch zentrierend

»Sprinterposition« - Meridiandehnung

Begib dich in den Vierfüßlerstand, die Hände unterhalb der Schultern und die Knie unterhalb des Beckens. Schwinge das rechte Bein in einem weiten Ausfallschritt nach vorne und setze den Fuß in Höhe deiner Hände flach auf. Versetze das aufliegende Bein so weit wie möglich nach hinten, so dass du eine Dehnung in den Leisten und an der Vorderseite des Oberschenkels spürst. Wenn deine Knie empfindlich sind, lege eine Decke oder ein kleines Kissen unter das aufliegende Knie.

Richte dich in dieser Position auf, den Kopf leicht nach oben geneigt, die Schultern entspannt. Deine Hände oder Unterarme stütze auf dem aufgestellten Bein ab.

Verweile hier für 1–2 Minuten. Komme dann in den Fersensitz, bei dem du dich auf deine Unterschenkel zurücksetzt, bei Bedarf mit einem Kissen unter dem Po. Ruhe einen Moment und wiederhole die Dehnung anschließend zur anderen Seite.

- **Wirkung**

öffnet die Hüfte und die Leisten; durchblutet das Becken; dehnt den Magenmeridian in seiner ganzen Länge vom Kopf über den Hals und Oberkörper, den Bauch und das Bein bis zum Fuß; schult das Gleichgewicht

»Der Schmetterling«

Setze dich aufrecht auf den Boden, bei Bedarf auf ein Kissen. Winkle die Beine an, beuge die Knie nach außen und lege die Fußsohlen aneinander. Umfasse die Füße mit beiden Händen und bringe sie so dicht wie möglich zu dir heran. Halte diese Position für eine Weile, bevor du mit den Beinen auf und ab wippst, leicht wie ein Schmetterling. Sei dabei sanft, erzwinge nichts. Falls Schmerzen in deinen Knien auftreten, beende die Übung.

Komme zum Stillstand und schiebe die Füße etwas nach vorne, damit du dich leichter vorbeugen kannst. Mit dem nächsten Ausatmen neige dich behutsam nach vorne über deine Beine, den Kopf lasse nach unten hängen. Entspanne dich für 2–3 Minuten oder länger in diese Dehnung hinein.

Um dich aus der Position zu lösen, stütze die Hände am Boden ab und richte dich mit dem Einatmen vom Kreuzbein her Wirbel für Wirbel wieder auf, dann strecke die Beine aus und schüttele sie leicht.

- **Wirkung**

öffnet die Hüfte; fördert den Energiefluss durch die Leiste; belebt den Beckenboden; erhöht die Flexibilität der Beine; das Vorbeugen dehnt die ganze Wirbelsäule

Hara-Meditation
Den Oberkörper kreisen

Setze dich bequem und aufrecht im Schneidersitz auf ein Kissen oder einen Stuhl. Lege deine Hände auf die Knie und lasse die Schultern entspannt nach unten sinken. Schließe die Augen und richte deine Aufmerksamkeit auf deinen Bauch.

Nach einer Weile lasse deinen Oberkörper sanft kreisen: nach vorne, nach links, nach hinten, nach rechts und wieder nach vorne – eine Bewegung gegen den Uhrzeigersinn. Der Impuls für die runde Bewegung kommt aus deinem Bauch. Beginne mit kleinen Kreisen, die allmählich größer werden können.

Dein Oberkörper bildet dabei eine gerade Linie, vom Kopf bis zum Unterbauch. Hier ist die Bewegung ganz klein, nach oben hin wird der Kreis größer, an den Schultern ist er am größten. Die Bewegung ist entspannt, hat aber einen gewissen Schwung. Durch die Rotation dreht sich eine Energiespirale in dein Körperzentrum.

Nach ein paar Minuten lasse die Kreise kleiner werden, bringe deinen Oberkörper zurück in die Mitte und verweile in Stille.

- **Wirkung**

gleicht aus und entspannt; beruhigt den Geist; sammelt die Kraft tief in deinem Bauch

»Der Sattel« – Meridiandehnung

Setze dich mit nach hinten angewinkelten Beinen auf deine Fersen oder zwischen deine Füße, bei Bedarf auf ein Kissen. Die Beine können dabei etwas geöffnet sein. Wenn deine Füße wehtun, kannst du auch hier ein kleines Kissen unterlegen.

Nun lehne dich in verschiedenen Etappen nach hinten und verweile in der Position, in der du eine Dehnung verspürst. Stütze dich zunächst auf deinen Händen ab; dann – wenn möglich – auf deinen Ellenbogen. Wenn du hier noch keine Dehnung wahrnimmst, lege deinen Oberkörper nach hinten auf eine Deckenrolle, ein Kissen oder sogar auf den Boden ab. Egal welche Position für dich möglich ist – bleibe in der Dehnung für 2–3 Minuten oder länger. Deine Arme kannst du zu den Seiten ablegen.

Um dich aus der Position zu lösen, stütze dich mit den Armen ab und ziehe die Beine behutsam hervor. Anschließend lege dich auf den Rücken, bringe die angewinkelten Beine zur Brust, umfasse sie mit beiden Händen und lasse sie sanft kreisen.

- **Wirkung**

dehnt die Vorderseite und die Meridiane von Magen und Milz; ermöglicht einen freien Fluss der Energie vom Kopf über den Rumpf und die Leisten in die Beine

In dein Hara atmen
Die Bauchorgane massieren

Lege dich flach auf den Rücken, bei Bedarf mit einem kleinen Kissen unter dem Kopf, die Arme locker zur Seite abgelegt. Stelle die Füße auf und lehne die Knie aneinander. Spüre wie dein Körper entspannt auf dem Boden liegt.

Platziere ein dickes Buch oder einen anderen kompakten Gegenstand auf deinen Bauch. Atme tief und ruhig in dein Hara und beobachte, wie sich der Gegenstand dabei hebt und wieder senkt. Spüre die Ruhe, die sich von deiner Mitte her ausbreitet.

Nach einer Weile kannst du deine Atmung noch intensivieren: Atme so vollständig wie möglich aus. Ziehe zum Ende des Ausatmens den Nabel nach innen in Richtung Wirbelsäule, um alle Luft nach außen zu bringen. Lasse dann den Bauch los, so dass er sich wieder ausdehnt und du ohne Anstrengung tief einatmest.

Nimm dir für diese Übung 5–10 Minuten Zeit.

- **Wirkung**

harmonisiert und gleicht aus; löst Anspannung und Nervosität; bringt Kraft und Energie in den Bauch; massiert alle Bauchorgane von innen her und regt so die Verdauung an

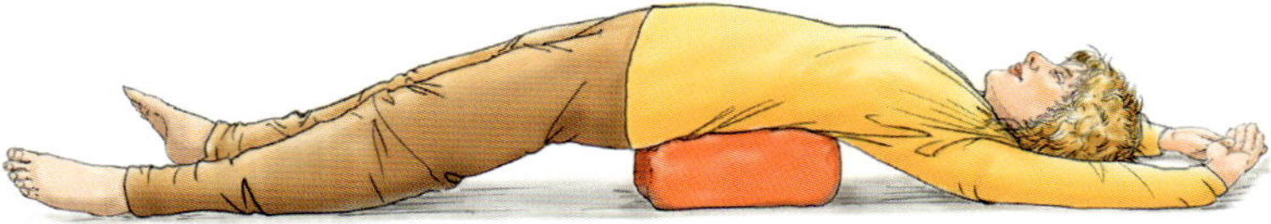

»Unterstützte Brücke« – Meridiandehnung

Lege dich flach auf den Rücken und stelle die Füße auf. Hebe das Becken so weit an, dass du ein Meditationskissen oder einen Yogablock unter dein Kreuzbein stellen kannst. Je nachdem, wie intensiv du die Dehnung durchführen möchtest, stelle den Yogablock quer oder hochkant auf. Nun lasse dein Becken darauf absinken, so dass es von ihm getragen wird. Verschiebe die Unterlage so lange, bis du die richtige Stelle gefunden hast, die für dich angenehm ist. Die Arme kannst du neben dem Körper oder nach oben ablegen.

Wenn du die Dehnung intensivieren möchtest, strecke behutsam die Beine nach vorne aus. Sollten Schmerzen im unteren Rücken auftreten, stelle die Beine wieder auf.

Verweile 2–3 Minuten oder länger in dieser Position und atme dabei tief in deinen Bauch. Um dich aus dieser Haltung wieder zu lösen, hebe dein Becken an und ziehe die Stütze hervor. Dann rolle den Rücken Wirbel für Wirbel ab, von den Schultern bis zum Kreuzbein, und entspanne für ein paar Atemzüge in Rückenlage.

- **Wirkung**

dehnt die Vorderseite; öffnet die Meridiane von Magen und Milz; fördert den Energiefluss durch die Leiste; bewegt die Energie im Unterbauch

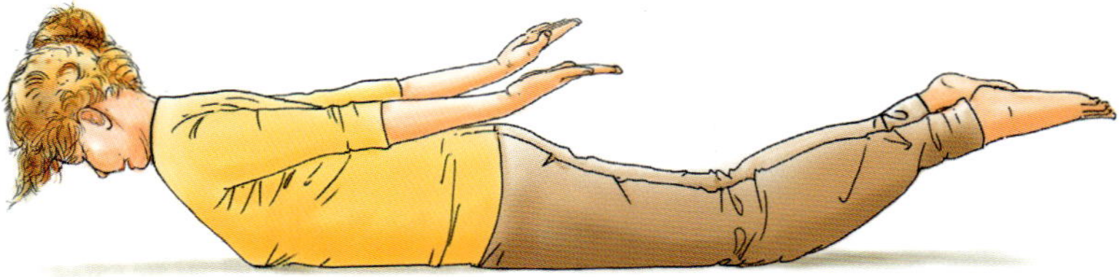

»Die Heuschrecke« - Meridiandehnung

Lege dich auf den Bauch, mit den Armen zu den Seiten abgelegt. Nimm einen tiefen Atemzug, spanne den ganzen Körper an und hebe den Oberkörper und die Beine soweit wie möglich vom Boden ab. Halte den Kopf in einer geraden Linie mit dem Oberkörper.

Bleibe für 3–5 Atemzüge in dieser Position und lasse dich dann langsam zu Boden sinken. Löse alle Spannung und ruhe eine Weile in Bauchlage nach. Die Übung kannst du noch 1–2 Mal oder öfter wiederholen.

In dieser Position kannst du zusätzlich die Akupressurpunkte Milz 12 und Milz 13 stimulieren, die in der Leistenregion liegen. Dafür balle die Hände zu lockeren Fäusten, schiebe sie unter die Leiste und gehe nun behutsam in die Heuschreckenposition.

Begebe dich anschließend in die Rückenlage, ziehe die angewinkelten Beine an deinen Oberkörper und lasse sie sanft kreisen.

- **Wirkung**

bringt Energie in die Beine; wärmt die Füße; durchblutet den Bauch und das Becken; dehnt die Meridiane von Magen und Milz; erleichtert den Blutfluss während der Menstruation; stärkt den Rücken

Die fünf »Heilenden Laute«

Singen stärkt die Erde. In Verbindung mit Körperübungen ist das Tönen besonders hilfreich. Im Qigong wird jedes Organ mit einem besonderen Klang in Verbindung gesetzt. Das Singen dieser »Heilenden Laute« fördert innere Ruhe und Gelassenheit, harmonisiert und reinigt die inneren Organe und verleiht Kraft und Energie.

Gehe mit dem Einatmen in die beschriebene Körperposition und singe mit dem Ausatmen den zugehörigen heilenden Laut. Spüre, wo in deinem Inneren die jeweiligen Töne schwingen.

»AAA« – Metall-Element (Lunge und Dickdarm): Strecke die Arme nach oben zum Himmel und lehne dich leicht zurück.

»OOO« – Erde-Element (Milz und Magen): Halte die Arme in einem Halbkreis neben deinem Körper, als würdest du zwei Kürbisse unter den Armen tragen.

»UUU« – Wasser-Element (Niere und Blase): Halte deine Hände geöffnet vor deinen Unterbauch. Stelle dir vor, dass Wasser eines Wasserfalls über deine Hände plätschert.

»EEE« – Feuer-Element (Herz und Dünndarm): Halte die Hände mit zueinander gewandten Handflächen auf Höhe des Herzens nach vorne. Stelle dir ein wärmendes Feuer zwischen deinen Händen vor.

»III« – Holz (Leber und Gallenblase): Die Arme sind mit den Handflächen zueinander gewandt ganz nach oben gestreckt. Stelle dir vor, du wärst ein großer Baum, der die Zweige hoch in den Himmel streckt.

»Das Lächeln des Buddha« – Bauchmassage

Mache es dir auf einem Sofa bequem. Lehne dich entspannt in die Kissen zurück, stelle die Beine auf und mache den Bauch frei.

Reibe deine Handflächen aneinander bis sie warm sind, verteile dann etwas Massageöl in deinen Händen und lege sie auf deinen Bauch. Halte einen Moment inne und spüre die Atembewegung unter deinen Händen, bevor du in kleinen Kreisen um den Bauchnabel massierst. Die Kreise im Uhrzeigersinn – entsprechend dem Verlauf des Dickdarms – können langsam größer werden, bis schließlich dein ganzer Bauch vom Schambein bis zum Brustkorb von deinen Händen berührt wird.

Beginne mit sanften Streichungen und lasse den Druck deiner Hände dann kräftiger werden. Massiere deinen Bach mit durchgehenden runden Strichen – so als würdest du dir nach einem guten Essen zufrieden den Bauch reiben.

Gehe auch mal mit den Fingern auf der Stelle kreisend in die Tiefe. Oder greife mit beiden Händen so viel Gewebe wie möglich, knete es, ziehe es hoch und löse dadurch Verklebungen der Faszien.

Halte mit den Fingerspitzen die »Quelle des Lebens« (siehe Seite 15). Sinke mit jedem Atemzug tiefer in den Punkt ein.

Zum Abschluss lasse deine Hände für eine Weile unterhalb des Nabels ruhen.

Öle für ein wohliges Bauchgefühl

Gib 1–2 Teelöffel Basisöl (z.B. Mandel- oder Jojobaöl) in deine Handfläche und mische 1–2 Tropfen ätherisches Öl dazu. Für das Erde-Element eignen sich besonders süße, warme Düfte:

Die Essenzen von **Vanille**, **Benzoe** oder **Tonka** laden zum Genießen ein und schenken das gute Gefühl, zuhause zu sein. Mit ihren süßen, balsamischen Düften können wir uns wohlig zurücklehnen und die Seele baumeln lassen.

Die milden Gewürzdüfte **Fenchel**, **Anis** oder **Dill**, auch als »Vier-Winde-Öle« bekannt, haben eine anregende, erwärmende Wirkung auf den Verdauungstrakt. Sie sind entspannend, blähungswidrig und versöhnen Kopf und Bauch miteinander.

Wenn du für den häufigeren Gebrauch ein Fläschchen mit Massageöl zubereiten möchtest, mische 10–15 Tropfen ätherisches Öl mit 50 ml Basisöl.

- **Wirkung**

fördert die Verdauung auf allen Ebenen; zentriert; bringt die Energie vom Kopf in den Bauch; entspannt; fördert innere Ruhe und Gelassenheit, die »Das Lächeln des Buddha« in unser Gesicht zaubert

Nirgun W. Loh und Sakina K. Sievers

Die Bücher und Schaubilder der Autoren zu den Themen der taoistischen Fünf Elemente, Shiatsu, Akupressur und Do-In werden als Standardwerke in vielen körpertherapeutischen Fachausbildungen empfohlen. Leicht verständlich und anschaulich geschrieben, erfreuen sich ihre Bücher darüber hinaus immer größerer Beliebtheit bei interessierten Laien.

Gemeinsam leiten Sakina und Nirgun das ShenDo Institut und unterrichten Shiatsu und Akupressur. In ihrem wunderschönen Seminarhaus in Stellshagen nahe der Ostsee bieten sie Kurse für Gesundheit und Lebensfreude sowie Meditationsretreats an.

Nirgun W. Loh arbeitet seit vielen Jahren als Heilpraktiker im TAO Gesundheitszentrum im Gutshaus Stellshagen mit Schwerpunkt Shiatsu und Chinesische Medizin.

Das Erde-Element

Bodenständigkeit - Fürsorge - Gelassenheit

Jahreszeit:	Spätsommer
Tageszeit:	Nachmittag
Lebensabschnitt:	Erwachsenenalter
Klima:	Feuchtigkeit
Farbe:	Gelb/Erdfarbe
Organe:	Milz und Bauchspeicheldrüse/Magen
Sinnesorgan:	Mund
Sinnesfunktion:	Schmecken
Stimmhafter Ausdruck:	Singen
Gewebe:	Binde- und Fettgewebe
Körperbereiche:	weibliche Brust, Bauch (Hara), Nabel Oberschenkelvorderseiten
Qualitäten:	Geborgenheit, Sicherheit, Harmonie Ruhen in der eigenen Mitte
Emotionen:	schwache Erdung, klammernde Abhängigkeit, Verlassenheitsgefühl